NÉCROLOGIE.

PARIS, IMPRIMERIE DE GAULTIER-LAGUIONIE.

NÉCROLOGIE.

Le 17 juillet dernier, à deux heures après-midi, est décédé à Paris, à l'âge de cinquante-sept ans, très haut et très puissant sieur D. Joseph Miguel de Carvajal et Vargas, Manrique de Lara, duc de San Carlos, comte del Castillejo et del Puerto, grand courrier perpétuel des Indes, îles et terres fermes de l'Océan découvertes et à découvrir, grand d'Espagne de première classe, et ambassadeur de S. M. C. près S. M. T. C. Fidèle serviteur de son roi et de sa patrie, il naquit à Lima au Pérou, le 8 mai 1771, de l'illustre famille de Carvajal. L'empereur Charles-Quint, voulant récompenser les services rendus à sa personne et à la monarchie espagnole par le haut et magnifique sieur D. Lorenzo Galindez de Carvajal, lui permit d'ajouter à ses armes les armes de l'Empire ; cette grace fut octroyée, aux termes de la concession, pour récompenser en quelque manière les services rendus à la couronne, et ceux qu'il pouvait encore lui rendre.

Le duc commença sa carrière militaire comme capitaine au régiment de Lima ; il fut nommé le 22 avril 1777, et reçut la croix de l'ordre militaire de Saint-Jacques en 1780. Il parvint quatre ans

après au grade de colonel du régiment d'infanterie
des milices de la ville de Caras , dans la province de
Guailas. Il revint dans la métropole lors de la réu-
nion à la couronne de la charge de grand courrier perpétuel , et fut agrégé au titre de colonel au
régiment d'infanterie de Majorque , dont son on-
cle, S. Exc. le comte de la Union , était propriétaire. Il se mit aussitôt en route pour rejoindre son
régiment à Carthagène, où il s'embarqua pour al-
ler secourir la place d'Oran, assiégée par les Maures
à la suite du grand tremblement de terre qui la ruina
en octobre 1790. Il se trouva aux deux combats
que le bey de Mascara livra avec toute son armée,
le 21 et le 26 octobre , et dans tous les deux il
fut dans le lieu le plus exposé de la ligne; mais il
ne se borna pas seulement à remplir son devoir
dans la seconde attaque, il donna un exemple de
zèle et de valeur qui fut bientôt imité, en traînant
un canon pour le placer dans un lieu découvert et
favorable, d'où il fit beaucoup de mal à l'ennemi. Il
montra beaucoup de sang-froid et de présence d'es-
prit dans la sortie de la place, ainsi que dans le com-
bat qui en fut la suite le 27 décembre de la même
année, ainsi que dans les deux sanglantes affaires
contre les Maures le 9 mai et le 28 juin 1791; oc-
cupant toujours pendant le siége les postes les
plus périlleux, il importunait souvent le général
en chef pour être employé dans les circonstances
les plus difficiles. Le 3 octobre suivant, il reçut
l'ordre de s'embarquer avec son régiment, et de
retourner à Carthagène.

Dans la campagne de 1793, contre la républi-
que française, il continua à se distinguer dans
beaucoup d'actions, et particulièrement dans celle
du 26 juin, où il fallut secourir le bourg d'Arge-
lès, près de Perpignan; dans celle du 29 du même
mois, lors de l'attaque et de la prise de Thuir; et
le 8 juillet, à la tête de la colonne qui lui fut con-
fiée par le lieutenant-général prince de Monforte,
pour couper la retraite à l'ennemi. Le 29 août suivant, il s'embarqua comme volontaire sur l'esca-
dre dirigée contre Toulon. Il servit dans cette place
en qualité d'attaché à l'état-major, et le 7 septem-
bre il soutint la retraite du détachement d'Oliuli.
Le 1er octobre, il fut chargé par le commandant-
général des troupes alliées, D. Federico Gravina,
du commandement de la colonne qui devait atta-
quer la redoute et la hauteur de Pharaon. Il exécuta cette attaque avec une rare intrépidité, et
contribua en grande partie à son heureux succès.
Le service qu'il rendit le 30 novembre à la tête de
sept cents grenadiers espagnols, n'est pas moins
important; il se réunit aux Anglais et aux Italiens
sous les ordres du général Dundas, pour enclouer
une batterie que les ennemis avaient établie sur le
mont Arenner, s'en empara le premier, encloua
les canons, couvrit la retraite des troupes alliées,
et volant au secours de Malbusquet, attaqué par
l'ennemi, il réussit à le repousser en lui causant
une perte considérable. Dans la nuit du 17 au 18
décembre, il ordonna la retraite, et abandonna sa
position, emmenant deux canons et trois chariots

de munitions, avec lesquels il parvint, à la tête des compagnies de grenadiers de Majorque, des compagnies provinciales de ce nom, et de celle de la marine, à protéger la retraite en vue des ennemis, qui jetèrent un pont sur la rivière, mais qui n'osèrent pas l'inquiéter. La nuit suivante, il se trouvait à Toulon, lorsque cette place, sous les ordres du maréchal-de-camp D. Domingo Izquierdo, fut évacuée par les assiégés.

Pendant cette campagne, après l'affaire de Pharaon, il obtint la charge de colonel propriétaire du régiment de Majorque, et lorsqu'elle fut terminée, il eut le grade de brigadier. Le 29 avril 1794, il arriva à la tête de son régiment à l'armée de Roussillon ; dès le jour suivant, il fut désigné par le général prince de Monforte, pour occuper la hauteur située entre la batterie de Señales et le village de Montesquieu ; il s'y maintint tout le jour avec une fermeté extraordinaire, malgré la supériorité des ennemis, et vers le soir il reçut l'ordre d'occuper avec son bataillon, celui de Soria et de Valencia, la seule hauteur qui était restée libre entre les ennemis et le camp de la Trompette. Il resta dans cette position jusqu'au lendemain, et après avoir essuyé une vigoureuse attaque, il reçut l'ordre de battre en retraite, ce qu'il exécuta dans le meilleur ordre jusqu'au chemin de Bellegarde. Dans l'attaque du 19 de mai contre Saint-Laurent de la Muga, il fut chargé de diriger celle qui devait s'effectuer par le Col de la Creu del Principe, avec le deuxième bataillon de

son régiment, le premier des volontaires de Cas-
tille , et trois mille *somatenes* (milices *cata-*
lanes.)

Il rangea ses troupes en trois colonnes , s'empara du bourg de Curtosia, où l'ennemi avait un
magasin considérable, enleva à la baïonnette les
hauteurs du Tallo, et celles qui dominent San Lorenzo ; il en délogea les Français, leur tua beaucoup de monde, et leur fit un grand nombre de
prisonniers. Il se trouva, par la suite, à beaucoup
d'autres affaires ; il se distingua particulièrement à
celle des redoutes de Llers , et à celle du mont
Quella , où il soutint la gloire bien justement ac-
quise de son régiment ; et l'on peut dire qu'il prit
part à tous les engagements sérieux de cette campagne, jusqu'à sa retraite de l'armée, lors de la
mort glorieuse du comte de la Union, à la bataille
du 20 novembre 1794. A sa présentation à la cour,
il fut nommé gentilhomme de la chambre de S. M.
en exercice. S. M. lui donna la commanderie d'Esparragosa, qui fait partie de l'ordre d'Alcantara ,
et le nomma maréchal - de - camp des armées
royales.

C'est à cette époque que finissent les services
militaires du duc. Le roi Charles IV jugea à propos
de l'attacher, en sa qualité de gentilhomme de la
chambre, au service du roi actuel, alors prince des
Asturies. Cette nouvelle faveur l'attachait au prince,
et il ne le quitta plus. Vers ce temps-là, le duc de
San Carlos, son aïeul, vint à mourir ; il en hérita
par la fin prématurée de son père, et il fut admis

aux honneurs de la grandesse, en présence de S. M., le 20 décembre 1797.

Le 3 juillet 1798, il fut nommé gouverneur du prince des Asturies et des Infants D. Carlos et D. Francisco, pendant l'absence et la maladie du marquis de Santa-Cruz. Il reçut tour-à-tour la grande croix de l'ordre de Charles III, le grade de lieutenant-général des armées royales, et le 10 juillet 1805 il fut nommé à l'honorable charge de grand-maître de la maison du roi Charles IV, ainsi qu'à la dignité de membre de l'assemblée de l'ordre de Charles III, ayant voix délibérative. Enfin en juillet 1807, S. M. daigna le nommer vice-roi, gouverneur, et capitaine-général du royaume de Navarre. Il y remplissait ces nouvelles fonctions, lorsqu'au mois d'octobre suivant il fut mis en arrestation dans la citadelle de Pampelune et à la disposition du président du conseil-royal et du lieutenant de roi de la place, pour la fameuse affaire dite de *l'Escurial.* Il prouva bientôt son innocence; la liberté fut rendue à tous les accusés, mais on les exila sur différents points. Le duc choisit pour sa résidence, d'après un ordre du roi, la ville d'Alfaro, en février 1808.

Il était tranquille au sein de sa famille, lors des grands événements du mois de mars, et de l'abdication de Charles IV en faveur de son auguste fils. Comme un des premiers soins du nouveau roi fut d'appeler autour de sa personne tous ceux qui en avaient été séparés sous différents prétextes, le duc revint à la cour au mois d'avril, et en sujet fidèle, dévoué à son souverain, il l'assista constamment de son zèle et de ses conseils, au milieu des graves circonstances de cette époque. Bientôt, les moyens de séduction mis en jeu par la fausse politique de Napoléon ayant attiré le monarque espagnol en France, S. M. daigna emmener avec elle, en qualité de grand-maître de sa maison, le duc de San Carlos, qui, même sans ce titre, aurait toujours accompagné son souverain, à moins d'ordres contraires.

Ce fut en cette qualité qu'il eut l'honneur de servir S. M. et les Infants pendant leur captivité à Valencey; mais quoique confirmé de nouveau dans ses fonctions de grand-maître par une ordonnance du 19 mai, il ne put pas les remplir long-temps. La police de Paris, jalouse des services qu'il rendait aux augustes prisonniers, l'exila à Lons-le-Saulnier, dans le département du Jura. Il se vit obligé d'y rester pendant la glorieuse lutte que soutint l'Espagne contre l'invasion française, jusqu'en novembre 1813. Rappelé de son exil par Napoléon, pour entamer avec le comte de Laforêt la négociation connue sous le nom de traité de Valencey, il y stipula la mise en liberté de S. M. le roi d'Espagne et de LL. AA. les Infants D. Carlos et D. Antonio. Il développa et signa avec le comte le projet de ce traité, le 8 décembre, et fut envoyé par S. M. avec des instructions particulières pour la régence qui gouvernait alors l'Espagne, auxquelles on se conforma autant que les circonstances le permirent. De retour à Valencey, il renoua les négociations avec le comte de Laforêt, et obtint de Napoléon des passe-ports pour que S. M. et les Infants pussent retourner librement en Espagne, sans que S. M. fût tenue à autre chose qu'à examiner le traité à Madrid pour sa ratification ; en sorte que le 24 mars 1814, S. M. rentra dans ses états sans armistice ni trève entre les deux armées espagnole et française.

Lorsque le duc remit les passe-ports à S. M., il reçut de ses royales mains la toison que ce souverain avait coutume de porter. Dès cet instant il fut proclamé chevalier de cet ordre illustre, avec les formalités d'usage, comme si le roi avait rendu le décret royal sur le territoire espagnol. La lettre que S. M. daigna lui écrire à cette occasion est un des titres les plus honorables dont une famille puisse se glorifier. Il accompagna le roi pendant son voyage pour retourner dans sa capitale, et dans cet intervalle non-seulement il exerça les fonctions de la charge de grand-maître de la maison du roi, mais il fut nommé, le 3 mai, premier ministre, secrétaire d'état, et ministre de la guerre par intérim ; il réorganisa le ministère de la maison du roi, et le fit marcher de front avec les deux autres. Le 21 juillet suivant, le roi le nomma conservateur perpétuel de l'université de Salamanque, en considération de ses services et de son goût pour les sciences, et parce que plusieurs de ses illustres ancêtres avaient eu le même privilége du roi Charles Ier (l'empereur Charles V) et de la reine Jeanne.

Nommé, en octobre 1815, ambassadeur à la cour d'Autriche, il négocia avec succès la restitution des duchés de Parme et de Plaisance à l'Infant D. Carlos Luis, et peu après il fut envoyé à la cour de Londres en la même qualité. Il y resta jusqu'en mars 1820, et il en partit lors de l'établissement du gouvernement constitutionnel, n'ayant pas assisté au congrès d'Aix-la-Chapelle, pour lequel il avait été nommé, l'année précédente, ministre plénipotentiaire de S. M. C. Il se retira à Bordeaux pendant la révolution ; plus tard il voyagea en Suisse, et se trouvait à Genève en avril 1823, lorsqu'il apprit qu'un gouvernement provisoire s'était établi en Espagne, et la gouvernait au nom du roi, pendant la détention de S. M. à Cadix. Il alla en Espagne, et rencontra dans le village de Cubo, avant d'arriver à Burgos, un courrier envoyé par la régence pour lui annoncer sa nomination d'ambassadeur extraordinaire près S. M. T. C. Le roi d'Espagne, ayant été heureusement rétabli dans la plénitude de ses droits, S. M. C. le nomma son ambassadeur ordinaire en cette même cour, et en 1824 daigna le nommer une seconde fois vice-roi de Navarre et président de ses cortès ; mais il renonça à cette haute dignité par de justes motifs qui furent appréciés par le monarque.

A la mort de l'empereur Alexandre, et à l'avénement au trône de Russie de son frère Nicolas, S. M. le nomma ambassadeur extraordinaire pour féliciter le nouvel empereur, qui, comme tous les princes de son auguste famille, le combla à son départ d'honneurs et de distinctions. Le 1er février 1827, le roi d'Espagne lui donna un nouveau témoignage de l'estime qu'il avait pour ses services, en le nommant capitaine-général des armées royales. Alors le duc se rendit en Espagne pour témoigner à S. M. sa reconnaissance de tant de faveurs. Il reprit sa place dans le conseil d'état, où S. M. avait daigné le confirmer toujours, malgré les diverses formes qu'elle avait jugé convenable de donner à ce conseil, et malgré les nombreux changements personnels qui devinrent nécessaires dans sa composition ; quelques jours après son arrivée à Madrid, il fut renommé ambassadeur extraordinaire près S. M. T. C., parce qu'aux termes même du diplôme, les circonstances actuelles rendaient plus importantes les fonctions toujours difficiles d'un poste si élevé.

Le duc obtint en récompense de ses services militaires et diplomatiques, outre la toison et la grand'croix de Charles III, dont nous avons déjà parlé, la grande croix de l'ordre royal américain d'Isabelle la Catholique, avec le titre de vice-président de son assemblée ; celle de l'ordre royal et militaire de Sainte-Hermenegilde, et la commanderie d'Esparragosa de Lares, de l'ordre d'Alcantara, la décoration de l'Innocence, instituée par S. M. pour ceux qui avaient été victimes dans l'affaire de l'Escurial, et celle de la Loyauté de Valencey. Outre ces distinctions nationales, la noblesse de son caractère lui mérita d'insignes témoignages d'estime de presque tous les souverains d'Europe ; il reçut de S. M. le roi de France l'ordre du Saint-Esprit, et le Lys de la Vendée ; du roi des Deux-Siciles, les

grands cordons de Saint-Janvier, de Saint-Ferdi-
nand et du Mérite, en considération de la part
que le duc avait prise aux négociations qui le réta-
blirent sur le trône de Naples ; du roi de Prusse,
les grandes croix de l'Aigle Noir et de l'Aigle
Rouge ; du roi d'Angleterre, le grand cordon de
l'ordre des Guelfes de Hanovre ; de l'empereur
d'Autriche, celui de Saint-Etienne de Hongrie ; de
l'empereur de Russie, les trois grands cordons de
Saint-André, de Saint-Alexandre Newsky, et de
Sainte-Anne de première classe.

Telle a été la brillante carrière politique du feu
duc de San Carlos ; elle prouve bien l'auguste gé-
nérosité avec laquelle notre glorieux monarque
sait récompenser ses fidèles serviteurs. L'histoire
offre, en effet, peu d'exemples d'un sujet plus
magnifiquement récompensé. Il est peu d'hommes
aussi qui aient su conserver, au milieu des séduc-
tions de la fortune, un caractère si doux, si mo-
déré, si égal avec les personnes qui ont eu besoin
de sa modération et de son appui. Son cœur
toujours accessible, surtout aux malheureux,
regardait les Espagnols comme les enfants d'un
même père, même quand la force des événements
ou des circonstances fâcheuses les avaient mis dans
la triste nécessité de s'écarter de leurs devoirs. Au
milieu de ses grandes et continuelles occupations
politiques, son délassement favori était la culture
des sciences, l'étude de la langue et de l'histoire
de son pays. Il fut directeur perpétuel de l'acadé-
mie royale espagnole, académicien honoraire de

celle d'histoire, membre honoraire également de la société cantabrique, et de la société économique de Madrid, de celle de Valence, et enfin un des membres de la société linnéenne de Londres.

Jusqu'ici nous avons considéré le duc de San Carlos comme homme public; mais ceux qui ont eu le bonheur de le voir souvent dans sa vie privée, ont trouvé en lui le modèle de la véritable amitié, un tendre père de famille, un maître chéri de ses domestiques, un protecteur généreux des indigents, et un sujet pénétré de reconnaissance pour les bontés de son souverain. Il ne prononçait jamais ce nom auguste sans y ajouter une expression d'amour, de vénération et de reconnaissance.

Il fut marié deux fois; la première en 1797, avec S. Exc. Doña Maria del Rosario de Silva, comtesse de Fonclara, duchesse d'Aremberg, dont il n'eut pas d'enfants; la seconde, en 1803, avec S. Exc. Doña Maria Eulalia de Queralt et de Silva, dame de la reine d'Espagne, dame noble de l'ordre royal de la reine Marie Louise, et de la croix étoilée d'Autriche, dont il a eu deux fils et quatre filles. L'aîné des fils est S. Exc. le comte del Puerto, aujourd'hui duc de san Carlos, gentilhomme de la chambre de S. M. en exercice, et capitaine dans l'armée; le second est D. Louis de Carvajal, capitaine d'infanterie, et héritier de la commanderie d'Esparragosa. Les filles sont : S. Exc. la duchesse de Montémar, et S. Exc. la comtesse Charles de l'Espine, morte à Paris, il y a quelques mois, Doña Fernanda et Doña Isabel de Carvajal, toutes deux en bas âge.

Il jouissait en apparence d'une santé robuste, qui promettait une vie beaucoup plus longue ; mais la profonde douleur qu'il ressentit de la perte de sa fille à l'âge prématuré de vingt-deux ans, hâta la cause de sa mort, qui, d'après l'autopsie de son corps, a été occasionée par un anévrisme au cœur. Il est mort sans douleur, après avoir fait ses préparatifs en chrétien. Il a remis le soin de ses affaires temporelles à la duchesse son épouse, à son gendre le duc de Montémar, à son beau-frère le marquis de Valmediano, et au digne M. Lanza, chanoine de l'église métropolitaine de Sarragosse, que le feu duc a honoré d'une confiance sans bornes, et la mieux méritée. Nous ne pouvons nous empêcher de citer un trait qui prouve combien son ame était sensible aux douceurs de l'amitié. Il vit s'approcher son dernier moment avec toute sa raison, et sentant qu'il ne lui restait pas assez de temps pour dicter son testament, il se borna à nommer ses quatre exécuteurs testamentaires, en les priant de ne pas oublier de le rappeler au souvenir de ses vrais amis, car il voulait, disait-il, que chacun d'eux eût une preuve de son affection et de ses dernières pensées.

Son corps a été enseveli à Paris, au cimetière du Père La Chaise, dans le caveau où reposent les cendres de sa fille et de son petit-fils ; ses obsèques ont été célébrées en la paroisse de Saint-Jean (Notre-Dame de Lorette). Son convoi était accompagné d'un nombreux cortége, et escorté de quatre bataillons des régiments d'infanterie qui forment la garnison de Paris. Les quatre coins du drap mortuaire qui couvrait le cercueil, ont été portés par LL. EE. le ministre des affaires étrangères, comte de La Feronnays, et les ambassadeurs de Russie, d'Autriche et de Sardaigne. Ils étaient suivis de personnages de la plus haute distinction, de beaucoup d'officiers généraux, et de presque tous les Espagnols qui habitent la capitale.